Ruth Dolenc-Petz/Christel Fisgus/
Gertrud Kraft/Edeltraud Röbe/Heinrich Röbe

Mein Rechtschreibheft 3

Dieses Buch gehört:

Ernst Klett Verlag
Stuttgart · Leipzig

Inhalt

Inhalt

Das Abc: Mitlaute, Selbstlaute, Umlaute und Doppellaute

1 Schreibe das Alphabet in großen und kleinen Buchstaben.
Kennzeichne die Selbstlaute.

A, a

2 Schreibe die fünf Selbstlaute auf.

3 Schreibe die Wörter in der Mehrzahl auf. Kennzeichne die Umlaute ä, ö, ü.

Wald	Kuss	Vogel	Land	Zug

Wälder

4 Schreibe die Wörter mit Umlauten auf. Kennzeichne die Umlaute.

5 Schreibe die Wörter mit den Doppellauten Au/au, Ei/ei, Eu/eu und ai auf.
Kennzeichne die Doppellaute.

6 Schreibe die Wörter in der Mehrzahl auf. Kennzeichne den Umlaut äu.

der Traum ____ der Baum ____

der Raum ____ der Zaun ____

7 das Auto, die Beule, das Eis, die Eule, die Flöte, der Käfer, die Leiter, der Löwe, die Tür, die Tüte

Ordnen nach dem Abc

1 Schreibe jedes Wort auf einen Zettel. Ordne nach dem Alphabet.
Schreibe die Wörter geordnet auf.

2 Schreibe die Wörter nach dem Alphabet geordnet ab.
Achte auf den zweiten Buchstaben.

3 Schreibe die Wörter nach dem Alphabet geordnet ab.
Achte auf den dritten Buchstaben.

4 Schreibe jedes Wort auf einen Zettel. Ordne nach dem Alphabet. Nummeriere.

○ Zebra ○ Elch ○ Fuchs ○ Bison
○ Pferd ○ Schwein ○ Reh ○ Elefant
○ Pfau ○ Schwan ○ Ente ○ Büffel ○ Esel

5 Schreibe zehn Vornamen deiner Mitschüler nach dem Alphabet geordnet auf.

1 Suche die Nachbarwörter in der Wörterliste (Seite 76 – 78).
Schreibe die Nachbarwörter ab.

besser bloß das Boot das Brot

2 Suche die Wörter in der Wörterliste (Seite 76 – 78). Schreibe sie auf.

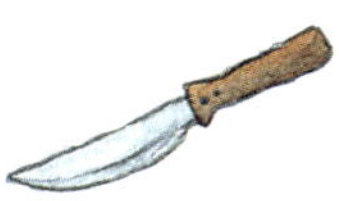

3 Suche die Wörter im Wörterbuch. Schreibe sie auf.

4 Kontrolliere die gekennzeichneten Wörter mit der Wörterliste (Seite 76 – 78).
Schreibe den Text richtig ab.

Gestern war ein Polizist in der Klasse. Er erklerte uns, dass man auf dem Schulweg vorsichtik sein muss. Die Strase dürfen wir nur am Zebrastreifen Überqueren. Der Polizist zeigte uns an einer Skitze, worauf wir achten sollten. Das war sehr interesant.

5 das Eichhörnchen, das Fahrrad, das Flugzeug, das Paket, der Pinguin, der Schlüssel, das Zeugnis

Mitsprechwörter: Silben

1 Sprich die Mitsprechwörter von Flipp deutlich.
Schreibe die Wörter ab und zeichne die Silbenbögen.

Tafel,

2 Zeichne die Silbenbögen ein.

Peter und Monika besuchen das Museum. Dort betrachten sie ausgestorbene Tiere: Riesige Krokodile, urzeitliche Nashörner und Knochen von Dinosauriern.

3 Sprich die Mitsprechwörter deutlich. Schreibe die Wörter in Silben auf.

4 Sprich so deutlich, dass du das r hörst. Schreibe die Wörter in Silben auf.

5 Bilde die Grundform und schreibe sie auf. Zeichne die Silbenbögen.

er lernt	er liegt	sie schläft	sie pflanzt

lernen

6 das Fenster, die Hefte, lernen, die Pferde, schlafen, die Tafel, die Taschenlampe, die Tische, die Türme

Schwierige Mitsprechwörter

1 Schreibe die Wörter nach Wortarten geordnet auf.
Kennzeichne deine Lupenstellen und zeichne die Silbenbögen.

der Text	wir zeichnen	das Kreuz	feucht	der Traum
der Magnet	wir singen	die Freizeit	wir leuchten	wir mixen
der Pilz	das Feuer	wir boxen	die Ferien	jung
das Taxi	deutsch	deutlich	die Fichte	bequem

▲ der Text,

● Verb

▲ Adjektiv

2 Löse das Rätsel.

1. Krok ist ein ...
2. Nach der Arbeit kommt die ...
3. Gegen Grippe lässt man sich ...
4. Eine nachgebildete Weltkugel heißt ...
5. Die du-Form von tanken: du ...
6. Beim Baden trägt Flipp eine ...
7. Ich habe Hunger und ...
8. Die du-Form von pflegen: du ...

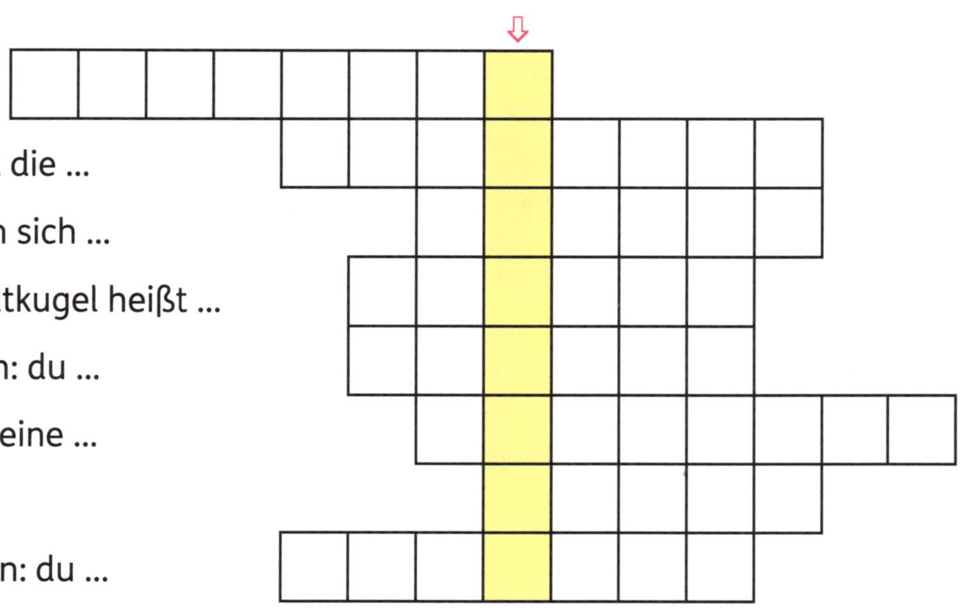

3 bequem, die Ferien, die Freizeit, der Globus, impfen, der Magnet, pflegen, tanken, der Text

Namenwörter (Nomen): Großschreibung

Namenwörter sind Namen für Menschen, Tiere, Pflanzen und Dinge.

1. Pferd ist ein Name für ein Tier.
2. das Pferd, ein Pferd
3. das Pferd, die Pferde

Zwei Beweise müssen stimmen.

Namenwörter für Gefühle, Ereignisse und Zeiten sind abstrakte Namenwörter.

1. Pause ist ein Name für eine Zeit.
2. die Pause, eine Pause
3. die Pause, die Pausen

1 Schreibe die Beweise auf.

Zeitung

▲ 1.
2.
3.

Angst

▲ 1.
2.
3.

Urlaub

▲ 1.
2.
3.

▲ 1.
2.
3.

Unfall

2 Prüfe mit den Beweisen, ob diese Wörter Namenwörter sind. Kennzeichne sie.

ONKEL	ALT	WALD	HUNGER	WUT

3 Schreibe die Beweise auf.

Vase	Zeugnis	Traum	Schreck	Spaß

4 die Angst, der Hunger, der Onkel, der Schreck, der Unfall, der Urlaub, die Vase, die Wut, die Zeitung

Wörter mit ie 1 ie

Wörter mit ie sind Nachdenk-wörter.

ie klingt immer lang.

1 Setze ie ein.

die K ie fer, g __ ßen, fr __ ren, der Fr __ den, l __ b, der Sp __ gel,
w __ gen, t __ f, das Z __ l, fl __ ßen, b __ gen, sch __ f, r __ chen,
der St __ l, sch __ ben, schl __ ßen, schw __ rig, der Kr __ g, die M __ te,
kr __ chen, das L __ d, das Kn __

2 Schreibe die Wörter geordnet auf. Sprich das ie deutlich und kennzeichne es.

▲ die Kiefer,

●

▲

3 Bilde Tunwörter. Schreibe sie auf und zeichne die Silbenbögen.

ver	vor
er	ab

▶

gießen	spielen	wiegen
schieben	biegen	

vergießen,

4 Bilde Sätze mit den Wörtern von Aufgabe 3.

5 biegen, der Frieden, frieren, die Kiefer, der Krieg, riechen, schwierig, der Stiel, tief, das Ziel

1 Schreibe die Reimwörter auf. Lerne sie auswendig.

t tief	schl schließen	l lieb
sch schief	sch	D
Br	g	S
Sp Spiel	l liegen	Sp Spiegel
Z	b	R
v	fl	Z
St	w	T

2 Bilde Wörter. Schreibe sie auf und kennzeichne den Wortstamm.

ab aus Stech	flieg Flieg	e en er

abfliegen,

vor ver Holz	spiel Spiel	er en zeug

3 Bilde Verben. Setze die richtigen Wörter ein.

Wir ______ mit unserem Hund über die Felder.

Ein Bleistiftstrich lässt sich gut ______ .

Wir ______ dir zu deinem Geburtstag.

Von der Torte möchte ich ein Stück ______ .

prob | spaz | gratul | rad | ieren

4 fliegen, gratulieren, liegen, probieren, radieren, schief, spazieren, das Spiel, viel, wiegen

1. Lies den Satz. Sprich jedes Wort deutlich.
2. Wo sind Lupenstellen?
3. Decke so viele Wörter ab, wie du dir merken kannst.
4. Stelle dir die Wörter vor.
5. Schreibe auf und sprich dazu.
6. Kontrolliere, ob jedes Wort stimmt.

1 Schreibe die Sätze mit diesem Abschreibtipp ab.

Bei uns ist jeder wichtig.

Lena erklärt uns schwere Aufgaben.

Petra hilft oft und gern.

Quirin wischt die Tafel sauber.

Serkan ist lustig und hat gute Laune.

Ines denkt sich Rechenaufgaben aus.

2 Lass dir die Sätze diktieren.

Prüfe dich selbst!

1 Schreibe das Alphabet mit großen und kleinen Buchstaben.

2 Kennzeichne die Selbstlaute.

3 Schreibe die drei Umlaute auf.

4 Schreibe die Wörter auf. Kennzeichne die Doppellaute.

5 Schreibe die Wörter nach dem Alphabet geordnet auf.

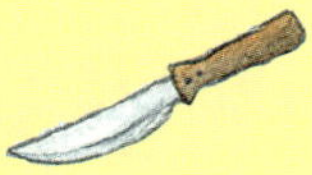

6 Schreibe die Mitsprechwörter auf und zeichne die Silbenbögen.

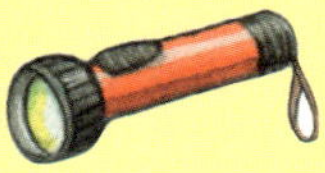

7 Prüfe, ob diese Wörter Namenwörter sind. Kennzeichne sie.

MINUTE KURZ FERIEN KNIE SINGEN FUCHS DURST

Harte und weiche Mitlaute am Wortanfang

1 Setze D/d oder T/t ein. Schreibe die Wörter. Schreibe die Namenwörter mit Begleiter.

Telefon	eller	onner	rocken	raum
reckig	umm	raht	rehen	rücken
axi	räne	reu	eutlich	ief

das Telefon, ,

2 Setze B/b oder P/p ein. Schreibe die Wörter. Schreibe die Namenwörter mit Begleiter.

Blitz	äcker	äckchen	rand
licken	ilz	lötzlich	rogramm
oxen	rücke	rille	latz

der Blitz,

3 Setze G/g oder K/k ein. Schreibe die Wörter. Schreibe die Namenwörter mit Begleiter.

Geburt	äfig	ießen	latt
ompass	lück	rüßen	raft

die Geburt,

4 blicken, der Donner, der Draht, die Geburt, der Kompass, der Pilz, plötzlich, der Teller, treu, trocken

1 Bilde Wörter. Schreibe die Wörter auf. Schreibe die Namenwörter mit Begleiter.

	(¨) Back (¨) back	stube er en erei

die Backstube,

an ein ver	(¨) Pack (¨) pack	chen en papier

un ver be	End end	lich los en e

ver Be be Ver	(¨) Rat (¨) rat	sel seln en er

2 Setze die richtigen Mitlaute ein.

Das __äckchen

Ich wartete en__los lange auf das __äckchen.
__lötzlich __lingelte es __raußen. Das war der __ost__ote.
Er __rüßte und __rückte mir das __äckchen in die Hand.

3 Lass dir den Text diktieren.

4 drücken, enden, endlich, klingeln, das Päckchen, packen, raten, das Rätsel

Tunwörter (Verben): Endungen

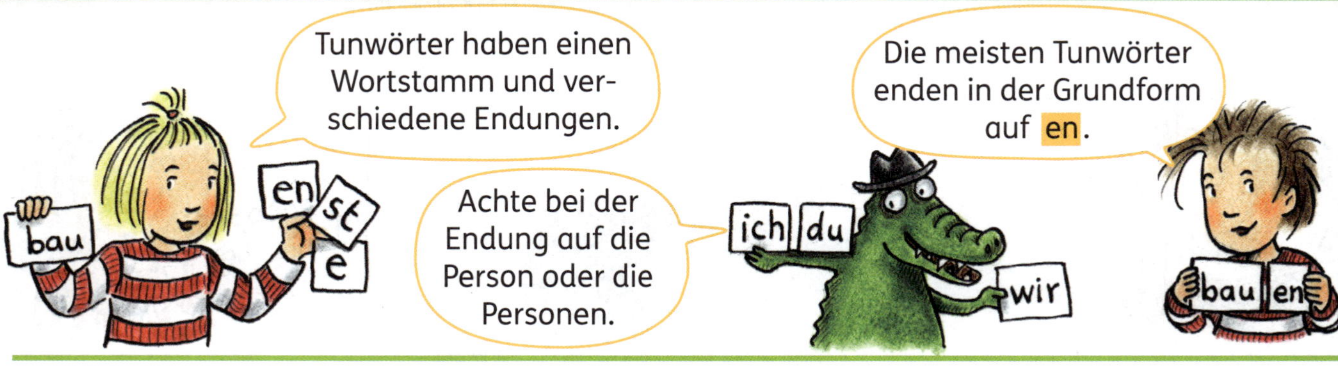

1 Schreibe die Tunwörter in der Grundform auf. Kennzeichne den Endbaustein **en**.

 kämmen ______  ______  ______

 ______  ______  ______

 ______  ______  ______

2 Schreibe drei Wörter aus Aufgabe 1 in den richtigen Formen.
Kennzeichne die Endbausteine **e**, **st**, **t**, **en**.

ich ______	ich ______	ich ______
du ______	du ______	du ______
er ______	er ______	er ______
wir ______	wir ______	wir ______

3 Setze **ern** oder **eln** ein. Schreibe die Wörter ab.

klettern wick____ samm____ schauf____ schleud____ zitt____

ärg____ schütt____ spieg____ wechs____ streich____ fütt____

klettern, ______

______

______

4 ärgern, fangen, füttern, kämmen, rutschen, sammeln, spiegeln, streicheln, zittern

1 Schreibe die Tunwörter in der du-Form und in der er-Form auf.
Kennzeichne b und g.

du schreibst
er schreibt

2 Setze den richtigen Buchstaben ein. Denke dabei an die Grundform.

Hannah blei t heute länger bei ihrer Freundin Sophie.
Ihre Mutter hat es erlau t. Sophie zei t Hannah ihr
Meerschweinchen. Sie erklärt, wie man es pfle t.
Hannah schie t ein Stück Karotte in den Käfig.
Das Meerschweinchen wa t sich zum Futter und frisst.

3 Setze die Verben in der richtigen Form ein.

braten – es brät	fahren – du	halten – sie
lassen – er	raten – du	blasen – es
tragen – sie	fangen – du	schlagen – er

4 blasen, bleiben, erlauben, halten, kleben, sägen, schieben, tragen, zeigen

1 Bilde zusammengesetzte Namenwörter und schreibe sie mit Begleiter auf.
Kennzeichne die Naht.

der Zwerg	die Hand	das Gold	die Wand	die Hand	der Berg
die Tasche	die Tafel	das Kaninchen	das Tuch	der Taler	der Kristall

das Zwerg|kaninchen,

2 Spannende Nahtstellen! Kennzeichne die Naht.
Schreibe die zusammengesetzten Namenwörter mit Begleiter auf.

Schlüssel|loch	Motorrad	Festtag	Gepäckkontrolle
Laubbaum	Spinnennetz	Tannennadel	Kugellager
Türrahmen	Burggraben	Wasserratte	Filmmusik

das Schlüsselloch,

3 die Handtasche, das Handtuch, das Schlüsselloch, das Spinnennetz, die Tannennadel

1 Schreibe die zusammengesetzten Namenwörter mit Begleiter auf.
Kennzeichne die Doppelnaht.

s	Esel + Ohr	Leben + Freude	Advent + Kranz
	Liebe + Brief	Verkehr + Unfall	Geburt + Tag

das Esel|s|ohr,

n	Schraube + Schlüssel	Sonne + Schirm	Biene + Honig
	Suppe + Löffel	Katze + Futter	Schnecke + Haus

2 Bilde aus Tunwort und Namenwort zusammengesetzte Namenwörter.
Schreibe sie mit Begleiter auf und kennzeichne die Naht.

singen / greifen – Vogel

spülen / waschen – Maschine

drehen / schieben – Tür

der Sing|vogel,

3 der Adventskranz, die Drehtür, der Greifvogel, das Katzenfutter, das Schneckenhaus, der Suppenlöffel, der Verkehrsunfall

Regeln für ein Partnerdiktat

- Jeder liest den Text genau.
- Jeder markiert seine Lupenstellen und prägt sich die Schreibweise ein.
- Das Schreibkind deckt seinen Text ab.
- Das Diktierkind liest deutlich Wort für Wort vor.
- Diktiere so, dass dein Partner wenige Fehler macht.
  Gib Tipps und Hilfen.
- Vergleicht am Schluss jedes geschriebene Wort mit der Vorlage.
- Danach tauscht ihr die Rollen.

Überraschung

Am Samstag stehen Anna und Paul schon sehr früh auf.
Sie bereiten für die Eltern das Frühstück zu.
Paul füllt den Wasserkocher und Anna holt frische Brötchen aus der Bäckerei.
Sie bringt auch die Zeitung mit. Die Kinder decken den Tisch.
Es gibt Marmelade, Honig und Käse. Die Brötchen und der Tee duften.
Alles sieht gemütlich aus. Jetzt wecken die Kinder die Eltern.

Prüfe dich selbst!

1 Setze die richtigen Mitlaute ein.

In der ___äckerei wer___en ___rötchen ge___acken.

___lötzlich ___remste das ___axi mitten auf der ___reuzung.

Es ___auerte en___los lang, bis ich das Rä___sel gelöst hatte.

Die ___atze saß ___rav auf ihrem ___latz und ___räumte.

2 Setze die passenden Endungen ein.

schnapp______ krabb______ kneif______ flüst______ greif______

3 Setze das Tunwort spielen in der richtigen Form ein.
Kennzeichne die Endungen.

Ich ______ gerne Schach.

Der Fußballer ______ den Ball ab.

______ du mit?

Die Kinder ______ Ball.

4 Schreibe zu jedem Verb die richtige Grundform auf.
Setze die fehlenden Buchstaben ein.

 er flie___t Grundform: ______

 es schrei___t Grundform: ______

 er stin___t Grundform: ______

 sie gi___t Grundform: ______

5 Schreibe zusammengesetzte Namenwörter mit Begleiter auf. Kennzeichne die Naht.

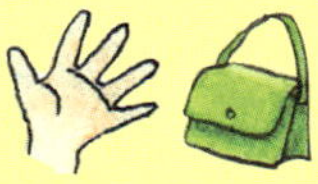 ______ 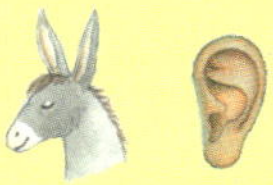 ______

 ______  ______

Merkwörter mit aa ee oo

1 Schreibe die Wörter geordnet auf. Kennzeichne den doppelten Selbstlaut.

die Fee, das Haar, der Saal, das Boot, die Waage, der Tee, das Meer, der Zoo, das Paar, der See, der Schnee, der Aal, das Moos, das Moor

 die Fee  

ee aa oo

2 Schreibe zusammengesetzte Namenwörter mit Begleiter auf. Kennzeichne den doppelten Selbstlaut.

Pulver, Schlauch, Personen, Ruder, Brief

Moos, Boot, Schnee, See, Haar, Waage

Mann, Polster, Spange, Flocke, Rose, Farbe

3 Ein Paar bedeutet: immer zwei gehören zusammen. Ein paar bedeutet: einige. Entscheide und schreibe auf.

ein paar Bonbons,

4 der Aal, das Boot, die Fee, das Haar, das Meer, das Moos, das Paar, der See, die Waage, der Zoo

Nachdenkwörter mit Ä/ä und Äu/äu

ä→a
äu→au

1 Kennzeichne verwandte Wörter mit der gleichen Farbe.
Schreibe die verwandten Wörter als Wortpaare.

die Angst	die Gefahr	packen	raten	die Qual	der Arzt
das Päckchen	quälen	gefährlich	die Ärztin	das Rätsel	ängstlich

die Angst – ängstlich,

2 Suche in der Wörterliste (Seite 76–78) zehn Wörter mit Ä/ä, die verwandte Wörter mit A/a haben.

3 Kennzeichne verwandte Wörter mit der gleichen Farbe.
Schreibe die verwandten Wörter als Wortpaare.

der Traum	der Strauß	der Haufen	der Raum	bauen	der Schaum
die Sträuße	häufig	das Gebäude	aufräumen	schäumen	träumen

der Traum – träumen,

4 Schreibe die Tunwörter in der Grundform auf. Kennzeichne ä/a und äu/au.

sie läuft er trägt er wäscht er fängt er wächst

laufen,

5 ängstlich, der Arzt, die Ärztin, aufräumen, das Gebäude, die Gefahr, gefährlich, die Qual, quälen, der Raum

Wortfamilien 1

1 Schreibe die Wörter geordnet auf.
Kennzeichne die Wortstämme b(ä)ck, l(ä)uf, st(ä)rk.

das Gebäck laufen die Stärke der Backofen weglaufen
der Läufer verstärken der Bäcker stark vorläufig gestärkt
die Bäckerei entlaufen gebacken stärken

das Gebäck,

2 Schreibe die Wörter geordnet auf. Kennzeichne die Wortstämme.

die Länge, der Verkäufer, später, verlängern, die Verspätung, käuflich
langsam, das Kaufhaus, spätestens, einkaufen, länglich, verspäten

l(ä)ng	k(ä)uf	spät
die Länge		

3 backen, der Bäcker, erklären, lang, spät, stark, die Stärke

1 Bilde Wörter mit dem Wortstamm kl(ä)r.

Er		
er	klär	en
Auf	klar	ung
auf		

die Erklärung,

2 Setze die richtigen Wörter ein.

Die Lehrerin ______ die Aufgabe. Die Polizei soll den Diebstahl ______. Der Himmel ist blau und die Sicht ist ______.
Die ______ war sehr hilfreich.

3 Bilde Wörter mit dem Baustein Rad/rad.

hinter, fahren, Riese, lenken, Zahn, drei	Rad rad	Weg, Fahrer, Sport, Rennen, Bahn, Bremse

das Dreirad der Radweg die Zahnradbahn

4 das Dreirad, erklären, das Hinterrad, klar, das Lenkrad, der Radfahrer, der Radweg

1 Welche Wiewörter passen zum Namenwort Hose? Welche Wiewörter passen zum Tunwort singen? Kennzeichne mit unterschiedlichen Farben.

Die Hose ist …

Die Sängerin singt …

schön · sauber · tief · falsch · alt · hoch · eng · leise · zerrissen · laut · weit · schmutzig · richtig

2 Schreibe das Gegenteil auf. Kennzeichne ig.

einfach	–	schwierig	feige	–	
fröhlich	–		rund	–	
faul	–		falsch	–	
sauber	–		teuer	–	

3 Bilde aus Namenwörtern und dem Endbaustein ig Wiewörter. Kennzeichne den Anfangsbuchstaben und den Endbaustein.

Biss · Durst · Schmutz · Sand · Gift · Saft · Zukunft · Bart

bissig,

4 der Durst, durstig, die Ecke, eckig, richtig, der Schmutz, schmutzig, traurig, die Zukunft, zukünftig

1 Stelle die Wörter um.

Die Lehrerin ist freundlich. die freundliche Lehrerin

Die Schrift ist leserlich.

Das Haus ist wohnlich.

Das Glas ist zerbrechlich.

Das Wetter ist herrlich.

Die Feier ist gemütlich.

2 Suche zu den Wiewörtern verwandte Tunwörter.

leserlich → lesen	weinerlich →
lächerlich →	ärgerlich →
sterblich →	beweglich →

3 Suche zu den Wiewörtern verwandte Namenwörter.

salzig	wolkig	verletzlich	schädlich
witzig	mutig	gefährlich	verständlich

4 freundlich, gemütlich, herrlich, leserlich, wohnlich, zerbrechlich

1 Welcher Tipp passt zu welcher Lupenstelle? Schreibe die Wörter geordnet auf.

räumen	das Meer	hängen	das Boot	zukünftig
weinerlich	das Gebäude	das Moos	richtig	du trägst
herzlich	der Saal	abenteuerlich	das Beet	quälen

2 Suche weitere Wörter zu diesen Lupenstellen in der Wörterliste (Seite 76 – 78). Ordne die Wörter oben ein.

Prüfe dich selbst!

1 Suche verwandte Wörter mit a oder au.

kämmen ⟶

die Länder ⟶

das Gebäude ⟶

die Nähe ⟶

die Schärfe ⟶

sie läuft ⟶

träumen ⟶

aufräumen ⟶

2 Schreibe die verwandten Wörter geordnet auf. Kennzeichne die Wortstämme.

das Gelächter	waschen	du lachst	backen	die Wäsche
der Bäcker	lächerlich	das Gebäck	abwaschen	

3 Bilde aus Namenwörtern und den Endbausteinen ig und lich Wiewörter. Kennzeichne die Endbausteine.

die Kraft die Jugend der Haufen der Frieden der Mut das Glück

4 Schreibe jeweils drei Wörter mit den doppelten Selbstlauten aa ee oo auf.

Wörter verlängern 1

1 Bilde zu jedem Namenwort zunächst die Mehrzahl.
Setze dann den richtigen Buchstaben ein.

		Mehrzahl	Einzahl
der Berg	 →	die Berge	der Berg
der Wal	 →		
das Sie	 →		
der Schran	 →		
der Hu	 →		

2 Bilde zunächst die Mehrzahl. Schreibe die Namenwörter auch in Silben auf.
Setze dann den richtigen Buchstaben ein.

Einzahl	Mehrzahl	getrennt in Silben	Einzahl
das Zelt	die Zelte	die Zel-te	das Zelt
der Bran			
das Pake			
die Bur			
das Lan			
der Tex			
die Ban			

3 der Brand – die Brände, die Burg – die Burgen, das Land – die Länder,
der Schrank – die Schränke, der Wald – die Wälder

1 Verlängere die Wiewörter. Setze dann den richtigen Buchstaben ein und schreibe sie in der Einzahl.

wil d	das wilde	Tier	→ Das Tier ist wild.
run ___	der ___	Ball	→ Der Ball ist ___.
har ___	die ___	Nuss	→ Die Nuss ist ___.
lau ___	die ___	Musik	→ Die Musik ist laut ___.
al ___	der ___	Schrank	→ Der Schrank ist ___.
gesun ___	das ___	Frühstück	→ Das Frühstück ist ___.
star ___	der ___	Boxer	→ Der Boxer ist ___.
klu ___	die ___	Antwort	→ Die Antwort ist ___.
blin ___	das ___	Kätzchen	→ Das Kätzchen ist ___.

2 Setze b oder t, g oder k ein.

In den Ferien

Im Urlau ___ waren wir an der Nor ___ see. Wir waren oft am Stran ___.
Jeden Ta ___ bauten wir eine Bur ___ aus San ___.
Oft wehte der Win ___ star ___ und die Luf ___ war kal ___.
Dann wurde das Meer wil ___. Aber im Stran ___ kor ___ war es schön gemütlich.

3 Schreibe den Text ab.

4 alt, blind, gesund, hart, kalt, laut, rund, wild

1 Schreibe die Sätze auf. Kennzeichne die Wörter mit v farbig.

Der Bus steht direkt	vor	der Schule.
Ich wünsche dir	vier	Glück.
Der Apfel fällt	voll	Baum.
Dieser Ring ist	vom	meiner Oma.
Der Glücksklee hat	viel	Blätter.
Ist die Kanne	von	oder leer?

2 Suche die Wörter in der Wörterliste (Seite 76 – 78). Schreibe jedes Wort mit drei verschiedenen Farben ab.

3 der Pullover, vier, voll, vom, von, vor

Tunwörter (Verben): Grundform GF

1 Schreibe die Tunwörter in der richtigen Form.

es  le  neh 

GF essen

du-Form du

2 Setze die Wörter in der richtigen Form ein. Kennzeichne den Wortstamm und die Endbausteine.

Grundform	ich-Form	er/sie/es-Form
lassen	ich lasse	er lässt
	ich treffe	
brechen		
		er spricht
	ich kann	
mögen		

3 Setze die passenden Tunwörter in der richtigen Form ein.

geben   werfen   dürfen   wollen   sprechen

Hannah ______ nicht ins Bett. Emil ______ den Ball zu Jakob.
Anna ______ mit Dominik.
______ ich heute noch fernsehen? Papa ______ Julian einen Kuss.

4 geben – er gibt, können – er kann, lassen – er lässt, sprechen – er spricht, treffen – er trifft

1 Kennzeichne die Tunwörter in den Sätzen.
Entscheide, ob diese in der Gegenwart (G) oder in der Vergangenheit (V) stehen.

Schule früher – Schule heute

Die Kinder sitzen an Gruppentischen. (G)

Die Kinder saßen in Bänken hintereinander. ( )

Man meldete sich, wenn man etwas sagen wollte. ( )

Man meldet sich, wenn man etwas sagen will. ( )

Wer drankommt, bleibt sitzen und sagt etwas. ( )

Wer drankam, stand auf und sagte etwas. ( )

2 Schreibe die Tunwörter in der 1. Vergangenheit auf.

ich male – ich malte	ich lese –
ich turne –	ich schreibe –
ich lache –	ich singe –
ich sage –	ich sitze –
ich rede –	ich weiß –

3 Kennzeichne bei den Tunwörtern in der linken Spalte Wortstamm und Endbaustein.

4 Suche zehn Tunwörter in der Wörterliste (Seite 76–78) und setze sie in die 1. Vergangenheit.

5 lesen – er las, schreiben – er schrieb, singen – er sang, sitzen – er saß, wissen – er wusste

1 Suche die Wörter in der Wörterliste (Seite 76 – 78). Schreibe die Tunwörter in der Gegenwart und in der 1. Vergangenheit auf.

fr 

tr 

fl 

wir frieren

wir froren

lau 

schl 

schie 

2 Setze die Wörter in der richtigen Form ein. Kennzeichne deine Lupenstellen.

	Gegenwart	1. Vergangenheit
beginnen	wir beginnen	wir begannen
gewinnen	wir	wir
brennen	wir	wir
rennen	wir	wir
schwimmen	wir	wir
nennen	wir	wir

3 beginnen, brennen, gewinnen, nennen, rennen, schwimmen, trinken

So gestaltest du ein Lernplakat

- Male Bilder und schreibe die Merkwörter dazu.
- Schreibe jedes Wort mehrmals ab.
- Verwende farbige Stifte.
- Kennzeichne die Merkstellen.
- Bilde Sätze mit den Merkwörtern.

1 Gestalte ein Lernplakat zu Wörtern mit V/v.

voll der Vater vor vierzehn viel vierzig der Vogel brav vier Vogelkäfig

Prüfe dich selbst!

1 Bilde zu jedem Namenwort zunächst die Mehrzahl.
Setze dann den richtigen Buchstaben ein.

		Mehrzahl	Einzahl
der Schran	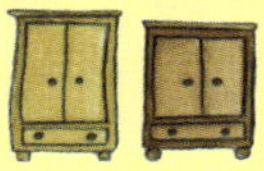 →		
die Bur	 →		
das Pake	 →		
der Wal	 →		

2 Setze passende Wiewörter ein.

der ______ Sturm | der ______ Stein

die ______ Musik | der ______ Wind

3 Setze die passenden Tunwörter in der richtigen Form ein.

Lena ______ (treffen) Lisa und Max auf dem Sportplatz. Lena ______ (wollen) Fußball spielen. Max ______ (können) Torwart sein. Lena ______ (geben) ihm den Ball. Er ______ (nehmen) den Ball und ______ (werfen) ihn zu Lisa. Aber Lisa ______ (mögen) lieber zuschauen.

4 Schreibe die Tunwörter in der 1. Vergangenheit auf.

malen	er ______	sitzen	er ______
wissen	er ______	schreiben	er ______

5 Schreibe zehn Merkwörter mit V/v auf. Schreibe die Namenwörter mit Begleiter.

1 Sprich die Wörter deutlich. Kennzeichne den betonten Selbstlaut/Umlaut.

Äpfel Feder

Briefe Tonne Pilze Vasen Vögel Stiefel

Züge Mutter Poster Löffel Lupen Schlüssel Töpfe Hüte

Messer

Kämme Stifte

Hemden Bänder Bluse Decken Tassen Dosen Tannen

2 Schreibe die Wörter aus Aufgabe 1 mit Begleiter geordnet auf.

a/ä

die Äpfel,

o/ö

u/ü

e

ie/i

3 der Brief, die Decke, die Feder, das Hemd, das Messer, der Stiefel, der Stift, die Tasse

1 Sprich die Wörter deutlich. Kennzeichne den betonten Selbstlaut/Umlaut mit – oder •. Was fällt dir auf?

 Hase Hase	 Tasse	 Stoff	 Wagen	 Käfig
 Wecker	 Regen	 Teller	 Nuss	 Heft
 Blitz	 Lied	 Müll	 Stiel	 Mittag
 Block	 Spiegel	 Tanne	 Luft	 Besen
 Brot	 Kuss	 Blume	 Bett	 Brille

2 Lass dir zehn Wörter diktieren.

3 der Besen, das Bett, der Block, das Brot, der Kuss, der Mittag, die Nuss, der Stoff, der Wecker

Lange und kurze Selbstlaute 2

1 Sprich die Wörter deutlich. Schreibe die Wörter auf und kennzeichne •◡◡ oder –◡.

Hüte?
Hütte?

Gase?
Gasse?

2 Sprich die Wörter deutlich. Schreibe die Wörter auf und kennzeichne •◡◡ oder –◡.

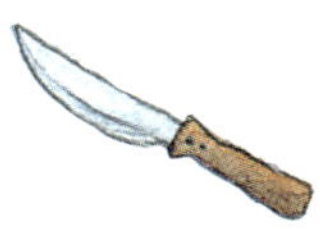

Messer
•◡◡

Besen
–◡

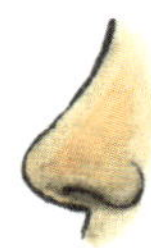

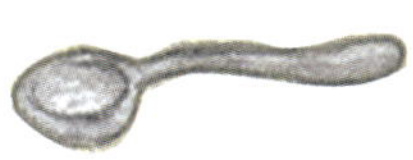

3 Suche weitere Wörter mit kurzem betonten Selbstlaut in einem Wörterbuch.

4 der Hut – die Hüte, die Hütte, die Kasse, die Lupe, die Nase, die Puppe

1 Setze die richtigen Wörter ein. Kennzeichne jeweils den kurzen Selbstlaut/Umlaut und den doppelten Mitlaut.

Ich schlafe im B Bett. Ein Bach beginnt an der Qu Qu________.
Ich werfe die Reste in den M M________. An der Grenze zeige ich meinen P P________.
Um 12 Uhr ist M M________. Im Wald stehen viele T T________.
Das Kleid ist aus feinem St St________. Suppe essen wir mit dem L L________.
Lege das Fleisch auf den G G________. Mit der B B________ sehe ich besser.
Die Donau ist ein F F________. Ich schneide mit dem M M________.

2 Schreibe die Reimwörter auf. Kennzeichne jeweils den kurzen Selbstlaut/Umlaut und den doppelten Mitlaut.

B Bett	K Kanne	Schl Schlüssel	Schw Schwamm	K Kuss
n	T	R	K	Fl
f	P	Sch	L	Schl

3 Schreibe die zusammengesetzten Namenwörter mit Begleiter auf und zeichne die Nahtstelle. Kennzeichne jeweils den kurzen Selbstlaut und den doppelten Mitlaut.

Pass	Fuß	Fluss
Müll	Stoff	Nuss

▶

Bild	Ball	Tonne
Farbe	Ufer	Schale

das Passbild,

4 der Fluss, der Müll, die Mülltonne, die Nussschale, der Pass, das Passbild, der Schluss

1 Schreibe zu jedem Namenwort das passende Wiewort.

Wurst Glas Licht Auto Straße Handtuch Eis

schnell fett hell dünn voll nass glatt

die fette Wurst,

2 Löse das Tunwort-Rätsel.

1. sich nicht erinnern
2. den Pfeil ins Ziel schießen
3. sich im Wasser fortbewegen
4. anfangen
5. Nahrung aufnehmen
6. schnell laufen
7. in Flammen stehen
8. auf einen Baum steigen

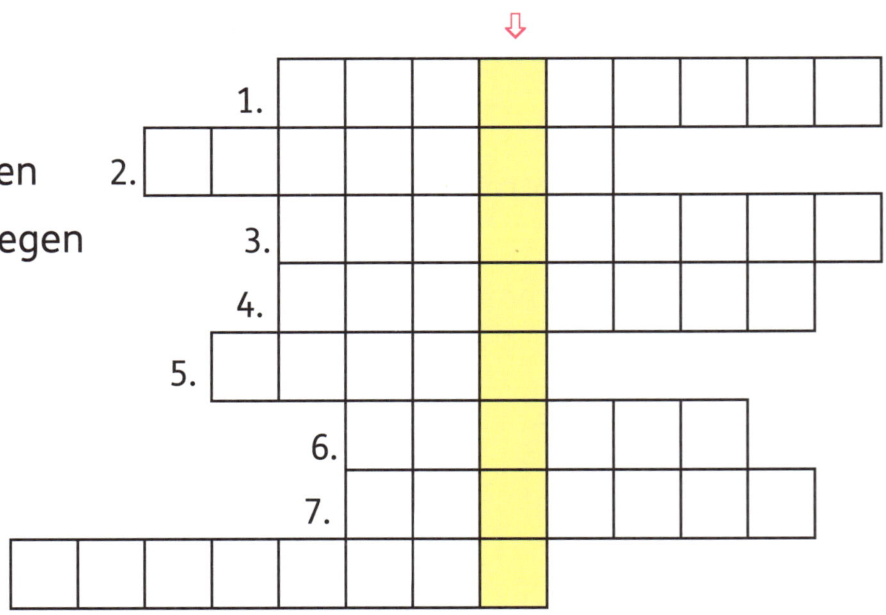

3 dünn, fett, glatt, hell, klettern, nass, schnell, vergessen

1 Sprich die Wörter deutlich. Suche in jedem Kasten das Wort mit dem langen Selbstlaut/Umlaut und kennzeichne es.

2 Schreibe die anderen Wörter in Schreibsilben auf. Kennzeichne jeweils den kurzen Selbstlaut/Umlaut und den doppelten Mitlaut.

Quelle	messen
treffen	Teller
Hefte	Besen

Quel-le,

Tanne	kämmen
Tasse	Nase
lassen	fallen

Mittag	Brille
beginnen	wissen
Tiger	schwimmen

Löffel	Rose
offen	Flosse
Stoffe	können

Flüsse	Grüße
schütteln	schuften
Schüssel	Kummer

3 die Brille, messen, offen, die Quelle, die Schüssel, schütteln

Merkwörter: langes (i), doch kein ie

1 Löse das Rätsel.

1. Mischung aus rot und blau
2. super, gut
3. Vorhang am Fenster
4. gestreifte Raubkatze
5. Treibstoff
6. Tochter von Onkel und Tante
7. du und ich
8. Alligator
9. tausend Gramm
10. Wintersportgerät
11. Gerät
12. Töne und Melodien
13. Nagetier, das Bäume fällt
14. Tier mit Stacheln
15. Schornstein
16. Orange
17. Vater, Mutter, Kind

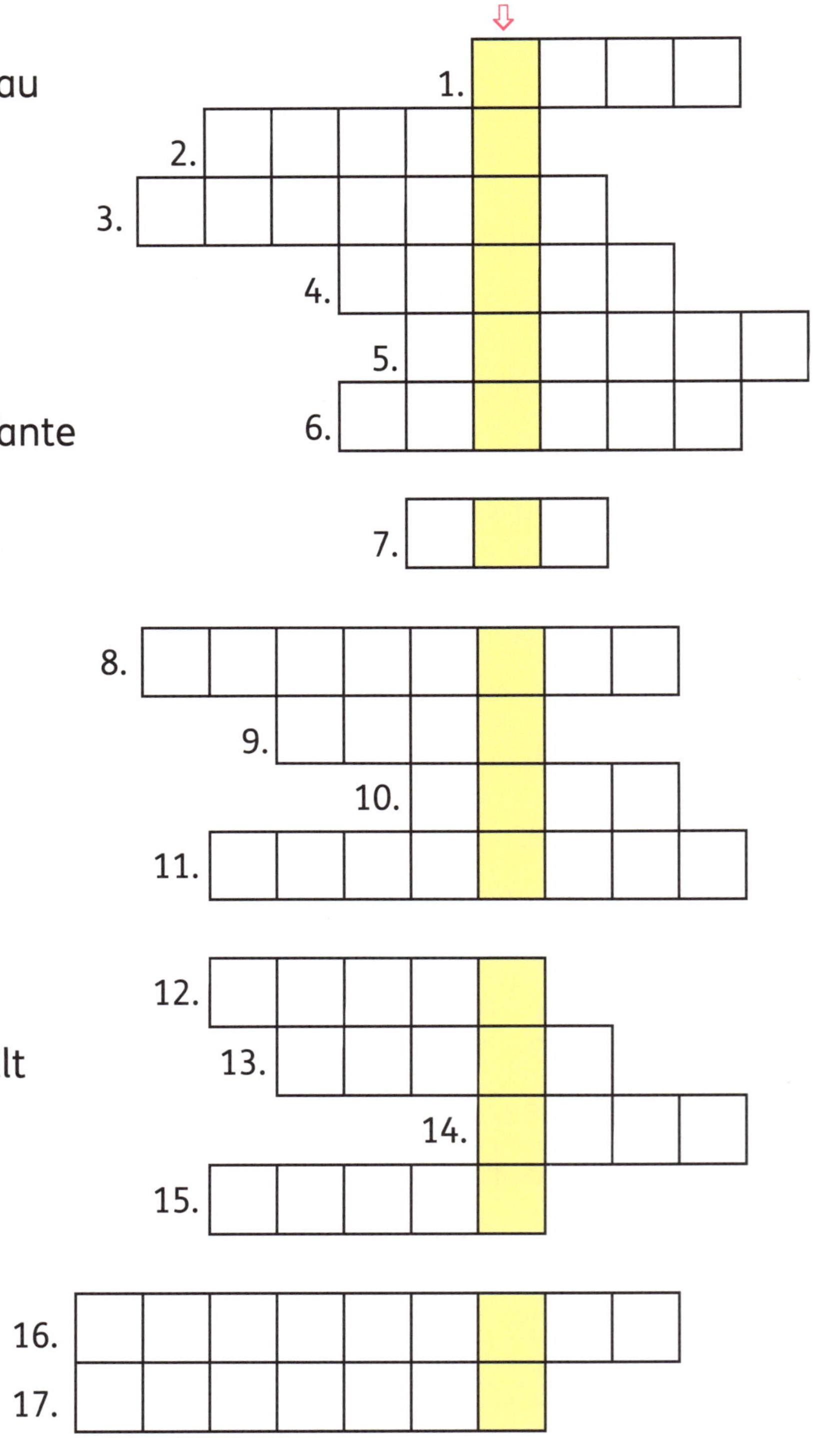

2 das Benzin, der Biber, die Familie, die Gardine, der Kamin, die Kusine, die Maschine, der Schi, der Tiger

Merkwörter mit ä [ä]

1 Kennzeichne in den Merkwörtern mit ä die Lupenstellen.

Bär Mädchen Käse spät Bären März

Lärche Käfer Käfig Träne

Lärm Säge Märchen Kapitän

2 Gestalte ein Lernplakat zu Merkwörtern mit ä.

3 Löse das Rätsel.

1. kräftiges Tier mit Pranken
2. Monat zwischen Februar und April
3. Insekt
4. anderes Wort für Krach
5. Nadelbaum
6. Augenflüssigkeit
7. Mein Hamster wohnt im ...

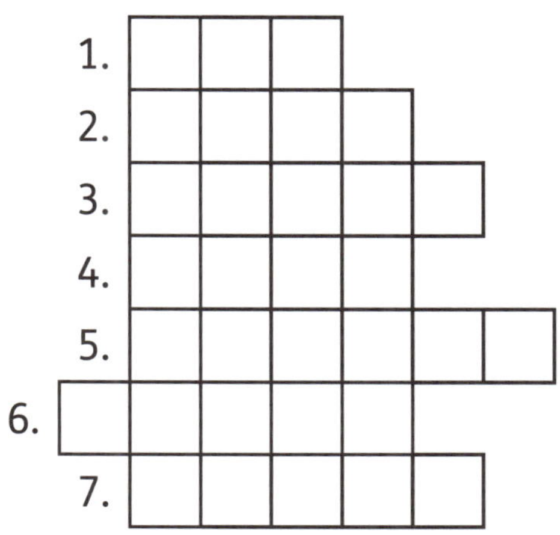

4 der Käfig, der Käse, die Lärche, der Lärm, das Märchen, das Mädchen, der März, die Säge, die Träne

Lernen lernen: Fehler finden, erklären, berichtigen 1

1 Lies den Text und kennzeichne die falsch geschriebenen Wörter.

Im Frühling

Die Sonne scheint wermer.
Der Himmel schtrahlt blau.
Am Wegrand wäxst grünes gras.
Schmeterlinge schweben über
die bunte Wise.
Jetzt spielen wir drausen.
Wir schaukln und kletten.
Wir renen und fangen uns.

2 Hast du alle zehn Fehler gefunden?

- ☐ Ich habe alle Fehlerwörter gefunden. Es war leicht.
- ☐ Ich habe viele Fehlerwörter gefunden. Es war nicht schwer.
- ☐ Ich habe wenig Fehlerwörter gefunden. Es war schwer.

3 Welchen Tipp brauchst du für welches Fehlerwort? Schreibe die Wörter jeweils zum passenden Zeichen.

↑ ______	ie ______
•◡◡ ______	•◡◡ ______
St/st ______	ä→a ______
ern ______	eln ______
chs ______	ß ______

4 Lass dir den Text diktieren. Berichtige mit den Tipps deine Fehlerwörter.

Prüfe dich selbst!

1 Sprich die Wörter deutlich. Kennzeichne den betonten Selbstlaut/Umlaut.

Tasse Wagen Schüssel schwimmen rennen hüpfen

2 Sprich die Wörter deutlich. Schreibe die Wörter auf und kennzeichne •◡◡ oder —◡.

Brille	Schatten	Rose	Nummer	Müll
Käfig	Hitze	Träne	Decke	Tiere

3 Sprich die Wörter deutlich. Schreibe die Wörter auf und kennzeichne •◡◡ oder —◡.

4 Setze i oder ie ein.

W ___ r gehen in den Zoo. Die Krokod ___ le und T ___ ger finde ich sehr interessant. Ein l ___ la Papagei betrachtet sich im Sp ___ gel. Zu den Z ___ gen gehe ich am l ___ bsten.

5 Schreibe die Namenwörter mit Begleiter auf.

Nachdenkwörter mit ck und tz 1

1 Übe den Ratz-Fatz-Song, sodass du ihn gemeinsam mit deinen Mitschülern vortragen kannst.

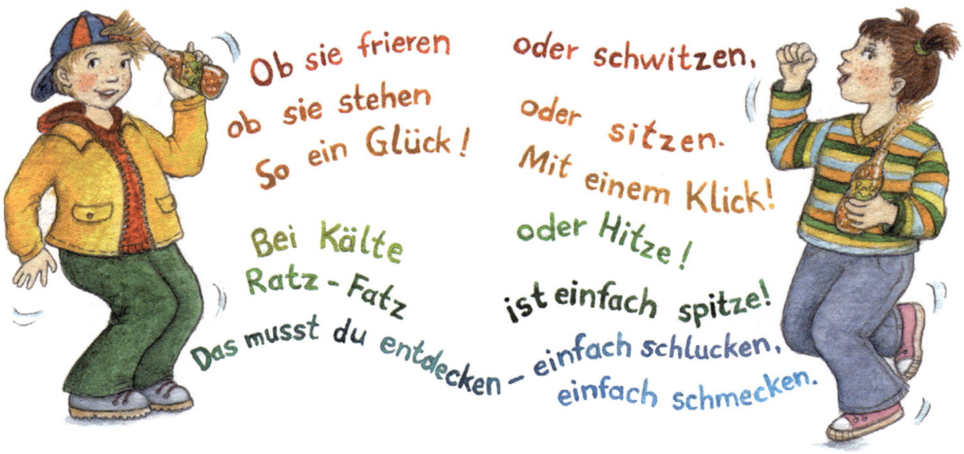

2 Schreibe die Wörter mit tz und die Wörter mit ck aus dem Ratz-Fatz-Song geordnet auf. Kennzeichne den betonten Selbstlaut/Umlaut mit •◡◡. Was fällt dir auf?

ck	tz
Glück	

3 Schreibe die Wörter nach Wortfamilien geordnet auf. Kennzeichne die Wortstämme.

die Decke | der Sitz | entdecken | die Deckung

sitzen | der Fahrersitz | besitzen | zudecken

4 besitzen, entdecken, die Hitze, schlucken, schmecken, schwitzen, spitze, zudecken

1 Sprich die Wörter deutlich. Kennzeichne den Selbstlaut/Umlaut vor ck und tz mit •.

Katze, plötzlich, Bäcker, Päckchen, Schreck, Hitze, Glück, Schnecke, Stück, schmutzig, blitzen, backen, Decke, dreckig, setzen, Brücke, trocken, packen, eckig, schmecken, nützen, spitz, schwitzen, Schmutz

2 Schreibe die Wörter aus Aufgabe 1 geordnet auf. Kennzeichne den Selbstlaut/Umlaut und ck oder tz.

tz Katze,

ck Schnecke,

3 Kennzeichne jede Wortfamilie mit der gleichen Farbe.

Schmutz	schrecklich	schmutzig	erschrecken
Bäcker	nützen	nützlich	beschmutzt
Schreck	backen	Bäckerei	nutzlos

4 Schreibe die Wörter nach Wortfamilien geordnet auf. Kennzeichne den Selbstlaut/Umlaut und ck oder tz.

5 blitzen, die Brücke, dreckig, erschrecken, nützen, nützlich, schrecklich, setzen, das Stück

Nachdenkwörter trennen

1 Schreibe die Wörter in Schreibsilben auf. Kennzeichne die Selbstlaute mit – oder •.

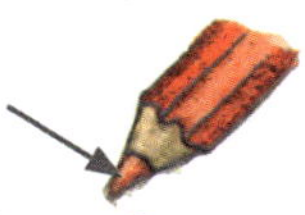

Spit-ze

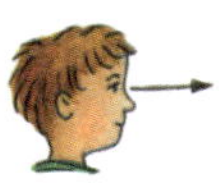

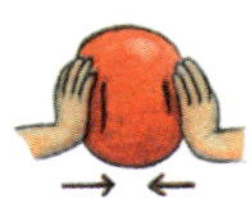

2 Trenne nach Schreibsilben, wo es möglich ist.

Neulich gab es ein schreckliches Gewitter.
Schwarze Wolken schoben sich vor die Sonne.
Zuerst fielen nur wenige Tropfen.
Aber dann prasselte der Regen herab.
Bald zuckten die ersten Blitze über den Himmel.
Die Donnerschläge krachten an allen Ecken.
Unsere Katze versteckte sich im Keller. Doch plötzlich war alles vorbei.
Ich muss zugeben: Ein bisschen Angst hatte ich schon.

3 bisschen, flitzen, das Gewitter, kratzen, schlecken, der Tropfen, verstecken, vorbei

Tunwörter (Verben): Anfangsbausteine (Vorsilben) 1

1 Bilde mit den Vorsilben passende Tunwörter. Kennzeichne die Vorsilben.

auf aus	blasen

ab be	schreiben

 eine Kerze

 einen Text

 einen Luftballon

 einen Weg

2 Bilde sinnvolle Tunwörter.

ein zu aus an zer ent	schieben werfen schalten ziehen

3 Setze passende Tunwörter mit Vorsilben ein.

reißen	das Unkraut	ein Blatt Papier
ziehen	die Stiefel	in ein Haus
werfen	den Brief	einen Plan

4 anschieben, ausblasen, ausziehen, beschreiben, einschalten, entwerfen, schalten, zerreißen, ziehen

Tunwörter (Verben): Anfangsbausteine (Vorsilben) 2

1 Schreibe Sätze und unterstreiche das geteilte Tunwort.

Mama – Eva – vom Bus abholen	Paul – einen Text – abschreiben
Karla – mit dem Zug – ankommen	Max – das Zimmer – aufräumen
Igor – eine Geschichte – vorlesen	Papa – Lebensmittel – einkaufen

Mama <u>holt</u> Eva vom Bus <u>ab</u>.

2 Schreibe Sätze und unterstreiche das geteilte Tunwort.

Eva	austeilen	die Garderobe
Anna	aufräumen	das Datum
Tom	anschreiben	das Altpapier
Max	wegtragen	die Hefte

3 abholen, abschreiben, ankommen, anschreiben, austeilen, einkaufen, vorlesen, wegtragen

1 Bilde Wörter. Schreibe die Wörter geordnet auf. Kennzeichne die Vorsilben.

ver, Ver, vor, Vor	letz, fahr, sicht, lier, träg, gess, schmutz, biet, pack, brenn	ung, t, en, lich, er, ig

▲ Verletzung,

●

▲

2 Setze passende Tunwörter mit ver oder vor ein.

verlesen – vorlesen   verspielen – vorspielen

Ich ______ eine Geschichte ______ , aber ich ______ mich nicht.

Ich ______ ein Lied ______ , aber ich ______ mich nicht.

3 Suche weitere Wörter mit den Vorsilben Ver/ver und Vor/vor im Wörterbuch.

4 verbrennen, die Verbrennung, verletzen, die Verletzung, verpacken, die Verpackung, verschmutzen, die Verschmutzung

Übungstipps:
- deutlich sprechen
- oft schreiben
- Wörter zerlegen
- Schreibung erklären

1 Schreibe schwierige Wörter auf und kennzeichne deine Lupenstellen.

Mein liebstes Haustier
Ich wünsche mir eine Katze.
Katzen haben ein weiches Fell.
Wenn sie sich wohl fühlen,
schnurren sie.
Mit ihren spitzen Ohren können
sie gut hören.
Ich weiß, welches Futter
Katzen brauchen.
Ich könnte sie gut versorgen.
Dann wäre mir nie mehr langweilig.

2 Welchen Tipp brauchst du für welches Wort?
Schreibe die Wörter jeweils zum passenden Zeichen.

3 Übe den Text mit den Tipps und lass ihn dir diktieren.

Prüfe dich selbst!

1 Schreibe die Wörter auf und kennzeichne den betonten Selbstlaut/Umlaut und ck oder tz.

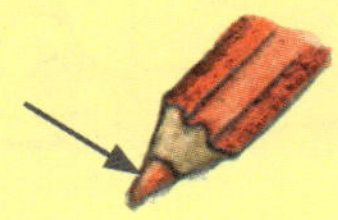

2 Schreibe auf und trenne.

Die Schnecke muss unter der Hecke sitzen.

Die leckeren Hörnchen vom Bäcker schmecken.

3 Setze die passenden Tunwörter mit der Vorsilbe ver ein.

treiben | packen | bringen | suchen

Ich ______ ein Geschenk für Oma.

Der Wind ______ die Regenwolken.

Ich ______ viel Zeit mit meinen Freunden.

Lara ______ die Aufgabe zu lösen.

4 Bilde sinnvolle Tunwörter.

ver	fahren	kaufen	nehmen
vor	schreiben	suchen	zeigen

Namenwörter (Nomen): Endbaustein (Endsilbe) ung

1 Bilde aus Tunwörtern Namenwörter mit dem Endbaustein ung.
Kennzeichne den Wortstamm und den Endbaustein.

verpacken 

die Verpackung

impfen 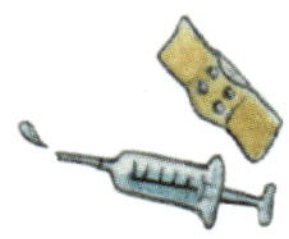

belohnen 

erzählen 

herstellen 

erwarten 

2 Bilde Tunwörter mit der Vorsilbe ent. Bilde dann aus den neuen Tunwörtern Namenwörter mit dem Endbaustein ung. Kennzeichne die Wortbausteine.

●	●	▲
führen	entführen	die Entführung
decken		
stehen		
lohnen		
lüften		
lassen		
leeren		

3 Schreibe Sätze mit den Wörtern aus Aufgabe 2.

4 die Belohnung, die Entscheidung, die Entwicklung, die Erwartung, die Erzählung, die Herstellung, die Impfung

Wortfamilien 1

1 Bilde Wörter und kennzeichne den Wortstamm.

Ab		
ab		
Vor	(¨) fall	en
vor		
Über		e
über		
Un	(¨) Fall	ig
auf		
Ein		
ein		

Abfall,

2 Setze passende Wörter aus der Wortfamilie fallen ein.

Hände hoch! Dies ist ein Überfall !

Bei dem ______ wurde das Auto beschädigt.

Gib acht, dass du nicht ______ .

Die Maus sitzt in der ______ .

Die Zahlung war längst ______ .

Das machen wir auf jeden ______ .

Die Waldarbeiter ______ die Bäume.

Hier muss dir doch etwas ______ .

Der ______ kommt in die Mülltonne.

3 Bilde Wörter zum Wortstamm komm oder sitz. Kennzeichne die Wortbausteine.

4 der Abfall, der Einfall, einfallen, der Fall, die Falle, fällen, fällig, der Überfall

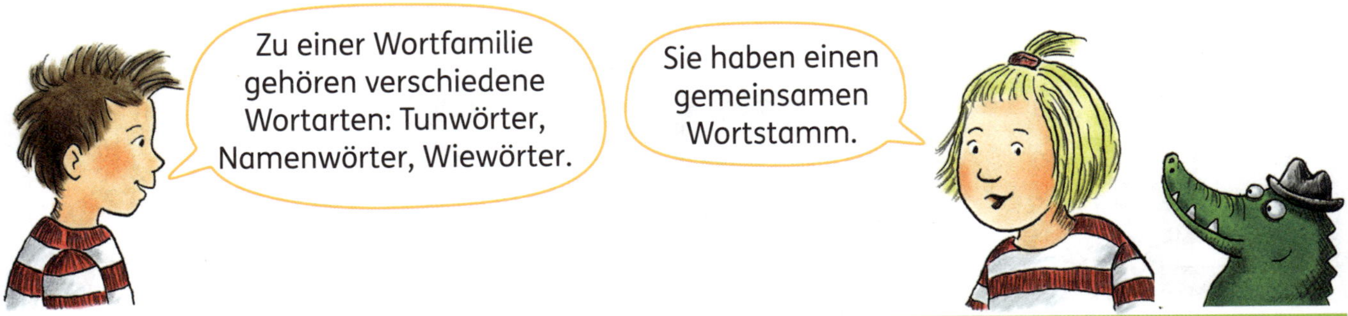

1 Schreibe die Wörter zum Wortstamm glück geordnet auf.

glücklich, verunglücken, Glück, Glücksfall, glücklos, Unglück, Glücksfee, unglücklich, Glücksgefühl, Glückszahl, Glückwunsch, beglückwünschen, glücken

▲ Glücksfall,

●

▲

2 Kennzeichne jede Wortfamilie mit der gleichen Farbe und schreibe die Wörter geordnet auf.

der Raum	raten	aufräumen	stark	anhäufen	geräumig
das Rätsel	der Haufen	verstärken	rätselhaft	häufig	die Stärke

Namenwort ▲	Tunwort ●	Wiewort ▲
der Raum		

3 das Glück, glücklich, der Haufen, häufig

Merkwörter ah/äh und eh

1 Schreibe die Wörter geordnet ab. Kennzeichne ah/äh und eh.
Merke dir die Wörter.

ahnen, ähnlich, die Bahn, der Draht, ehrlich, erzählen, die Fahne, fahren, fehlen, der Fehler, fehlerfrei, die Gefahr, kehren, lahm, die Lehrerin, das Mehl, die Nahrung, nehmen, die Wahl, wählen, die Zahl

Fahne

▲

● ahnen,

▲

Lehrer

▲

●

▲

2 Suche weitere Wörter mit ah, äh und eh in einem Wörterbuch und ordne sie ein.

3 die Bahn, ehrlich, der Fehler, fehlerfrei, der Lehrer, die Lehrerin, die Nahrung, die Wahl, wählen

Merkwörter mit oh/öh, uh/üh und ih

1 Schreibe die Wörter geordnet ab. Kennzeichne oh/öh, uh/üh. Merke dir die Wörter.

belohnen, bohren, fühlen, fühlbar,führen, fröhlich, der Frühling, das Gefühl, hohl, die Höhle, das Huhn, kühl, kühlen, das Ohr, rühren, der Sohn, der Stuhl, die Uhr, wohnen, die Wohnung

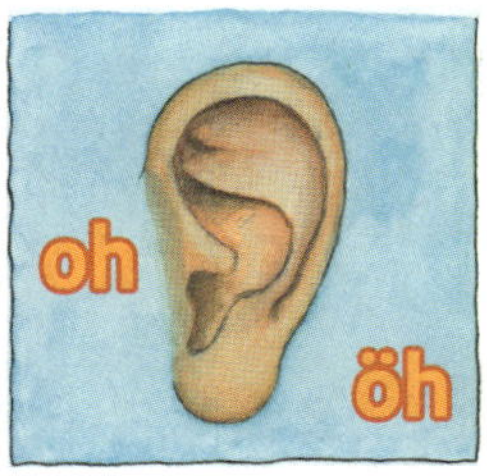

Ohr

belohnen,

Stuhl

2 Bilde Sätze mit diesen Merkwörtern. Kennzeichne ih.

ihm | ihn | ihr | ihre | ihnen

3 belohnen, bohren, fühlen, führen, fröhlich, das Gefühl, hohl, die Höhle, kühl, kühlen, rühren

Silbentrennendes h

1 Sprich die Wörter deutlich. Schreibe sie in Schreibsilben auf.

stehen	ruhen	krähen	blühen	gehen	drehen	nähen	mähen

ste - hen,

2 Bilde zunächst die Mehrzahl. Schreibe die Wörter in Schreibsilben auf.
Schreibe sie dann in der Einzahl und kennzeichne das silbentrennende h.

die Re - he — das Reh

3 Schreibe die Grundform in Schreibsilben auf. Kennzeichne das silbentrennende h.

du siehst se - hen	er flieht
du drehst	sie steht
du ruhst	es geschieht
sie näht	er glüht
du gehst	er zieht

4 blühen, drehen, fliehen, geschehen, glühen, nähen, ruhen, sehen, stehen

Wörtersteckbrief 1

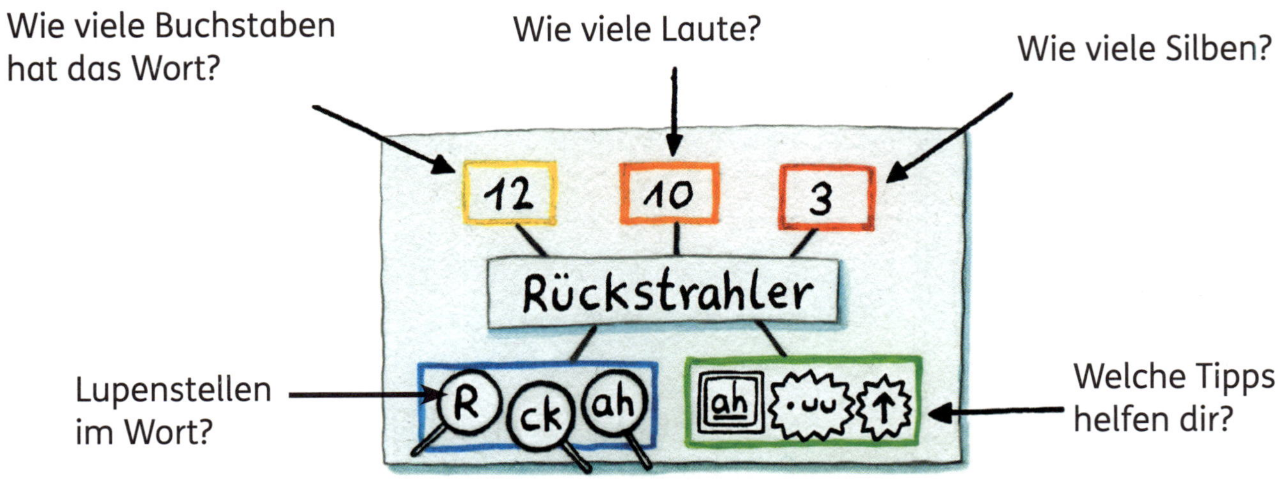

1 Fülle die Steckbriefe aus.

12		
Gepäckträger		
	ä→a	

		2
Sattel		
S, tt		

		3
Kettenschutz		

2 Welche Wörter passen zu welchen Steckbriefen? Setze die passenden Wörter ein.

Kette | Sattel | Schlussleuchte | Dynamo | Speicherschutz

5	4	2
tt		

14	10	3
sp, tz		

6	6	3
y	y	

1 Welche Wörter aus dem Text passen zu welchen Steckbriefen?
Setze die passenden Wörter ein.

Fahrräder sind umweltfreundlich. Sie brauchen kein Benzin und stoßen keine giftigen Abgase aus. Es gibt viele verschiedene Fahrräder: Damenräder, Herrenräder, Rennräder, Mountainbikes ... Tandems sind Fahrräder für zwei Personen. Jedes Fahrrad im Straßenverkehr muss verkehrssicher ausgestattet sein.

12	9	4
ver ie	ver- ie	

7	6	2
ah d rr	ah	

6	6	2
ß	ß	

2 Fülle die Steckbriefe aus.

Bremse		

Lenker		

Luftpumpe		

3 Fülle Steckbriefe für deine Lieblingswörter aus.

Lernen lernen: Fehler finden, erklären und berichtigen 2

1 Lies den Text. Kennzeichne die Fehler, die du sofort erkennst.

Der noie Lehrer betritt das Zimer.
Er grüßt alle Kinder freuntlich und schtellt sich vor.
Danach sagen alle Kinder ihren Namen.
Sie sind fro, einen sehr netten Lerer zu haben.
Alle wollen gut zusammenarbeiten.

2 Prüfe nun Wort für Wort. Kennzeichne alle Fehlerwörter.

Der neue Lehrer betritt das Zimmer.
Er grüßt alle Kinder freundlich und stellt sich vor.
Danach sagen alle Kinder ihren Namen.
Sie sind froh, einen sehr netten Lehrer zu haben.
Alle wollen gut zusammenarbeiten.

3 Vergleiche die beiden Texte. Schreibe jedes Fehlerwort richtig auf.
Suche jeweils zwei verwandte Wörter.

Prüfe dich selbst!

1 Bilde aus den Tunwörtern Namenwörter mit dem Endbaustein **ung**. Kennzeichne den Endbaustein.

lüften — verpacken — erwarten

2 Setze Wörter aus der Wortfamilie **fallen** ein.

Die Piraten ______________ ein Schiff.

Ich hatte einen ____________ mit dem Fahrrad.

Das sollen wir auf jeden _________ tun!

3 Sprich die Wörter deutlich. Kennzeichne das silbentrennende **h**.

 ______________ → ______________ 

 ______________ → ______________ 

 ______________ → ______________ 

 ______________ → ______________ 

4 Schreibe zehn Merkwörter mit **h** auf.

5 Fülle die Steckbriefe aus.

Sattel		

Mehl		

Merkwörter mit ß

der Gruß, außen, bloß, das Maß, heißen, schließen, weiß, grüßen, draußen, gießen, das Floß, der Spaß, fleißig, begrüßen, der Fuß, schießen, die Soße, süß, der Strauß, der Kloß, beißen, die Straße, groß, der Fleiß

1 Schreibe die Wörter geordnet auf.

aß/auß:

uß/üß: der Gruß,

oß:

eiß:

ieß:

2 Schreibe die Wörter nach Wortfamilien geordnet auf.

die Straßenbahn, die Grußkarte, der Fuß, die Süßigkeit, spaßig, schließen, die Straße, der Fußball, süß, der Gruß, spaßen, die Hauptstraße, versüßen, barfuß, das Schließfach, der Spaß, grüßen, schließlich

3 Gestalte ein Lernplakat zu den Merkwörtern mit ß.

4 außen, beißen, bloß, der Fleiß, fleißig, grüßen, das Maß, der Spaß, die Straße, der Strauß

Tunwörter (Verben): verschiedene Zeitstufen

1 Setze die Tunwörter in der richtigen Form ein. Kennzeichne mit –◡ oder •◡◡.

Grundform	Gegenwart	1. Vergangenheit
kommen	ich komme	ich kam
treffen		
streiten		
haben		

2 Setze die Tunwörter in der richtigen Form ein. Kennzeichne mit –◡ oder •◡◡.

Gegenwart	1. Vergangenheit	2. Vergangenheit
ich falle	ich fiel	ich bin gefallen
ich esse		
ich nehme		

3 Setze die Tunwörter in der richtigen Form ein. Kennzeichne mit –◡ oder •◡◡.

Gegenwart	1. Vergangenheit	2. Vergangenheit
ich messe	ich maß	ich habe gemessen
ich lasse		
ich weiß		
ich gieße		

4 essen – er aß, fallen – er fiel, gießen – er goss, kommen – er kam, streiten – er stritt

Anredefürwörter (Pronomen)

Sie | Ihr | Ihre | Ihren | Ihrem | Ihnen

Anredefürwörter in der Höflichkeitsform werden großgeschrieben.

1 Setze die Anredefürwörter richtig ein.

Sehr geehrter Herr Bürgermeister,

vielen Dank für ______ Besuch. Wir freuen uns, dass ______ unsere Idee, den Pausenhof neu zu gestalten, unterstützen. Auf ______ Anregung hin haben wir einen Malwettbewerb durchgeführt. Heute schicken wir ______ die Bilder. Wir freuen uns auf ______ Antwort.

Mit freundlichen Grüßen

Klasse 3a

Wenn du an einen Freund oder eine Freundin schreibst, kannst du die Anredefürwörter klein **oder** groß schreiben.

2 Setze die richtigen Anredefürwörter ein.

Liebe Magdalena,

vielen Dank für ______ Brief. Wie ich ______ schon erzählt habe, wollen wir den Pausenhof neu gestalten. Wenn ______ das Projekt interessiert, schreibe ich ______ gern noch genauer, was wir alles planen.

Liebe Grüße

Lukas

Wörter mit Qu/qu

1 Schreibe die Wörter mit ihrem Begleiter auf. Kennzeichne Qu.

 alm
der Qualm

 artett

 ark

 alle

 adrat

 elle

2 Setze qu ein und schreibe die Wörter auf. Kennzeichne qu.

atschen almen ieken aken

3 Übe die Wörter mit Qu/qu jeden Tag. Schreibe sie auch auswendig auf.

1. Tag	2. Tag	3. Tag

4 das Quadrat, quaken, die Qualle, der Qualm, qualmen, der Quark, das Quartett, quatschen, quieken

Merkwörter mit chs

der Fu  das Wa  se  der La  das Gewä 

der Da  die A 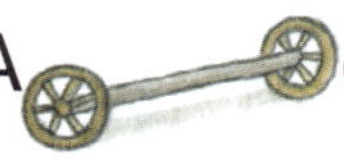 e

die Eide  e der O  e

1 Schreibe die Wörter mit Begleiter auf. Kennzeichne die Lupenstellen.

der Fuchs,

2 Bilde möglichst viele Wörter.

Er er Nach nach	Wachs wachs Wuchs wuchs	en ener tum

Ver ver ab um aus	Wechs wechs	eln elnd el lung

3 Setze die passenden Wörter ein. Kennzeichne chs.

Zwillinge kann man leicht ______.

Der Sportverein sucht dringend ______.

Meine Schwester ist schon fast ______.

erwachsen | Nachwuchs | verwechseln

4 erwachsen, der Erwachsene, der Fuchs, das Gewächs, verwechseln, wachsen, das Wachstum, wechseln

Fremdwörter FW

1 Löse das Rätsel.

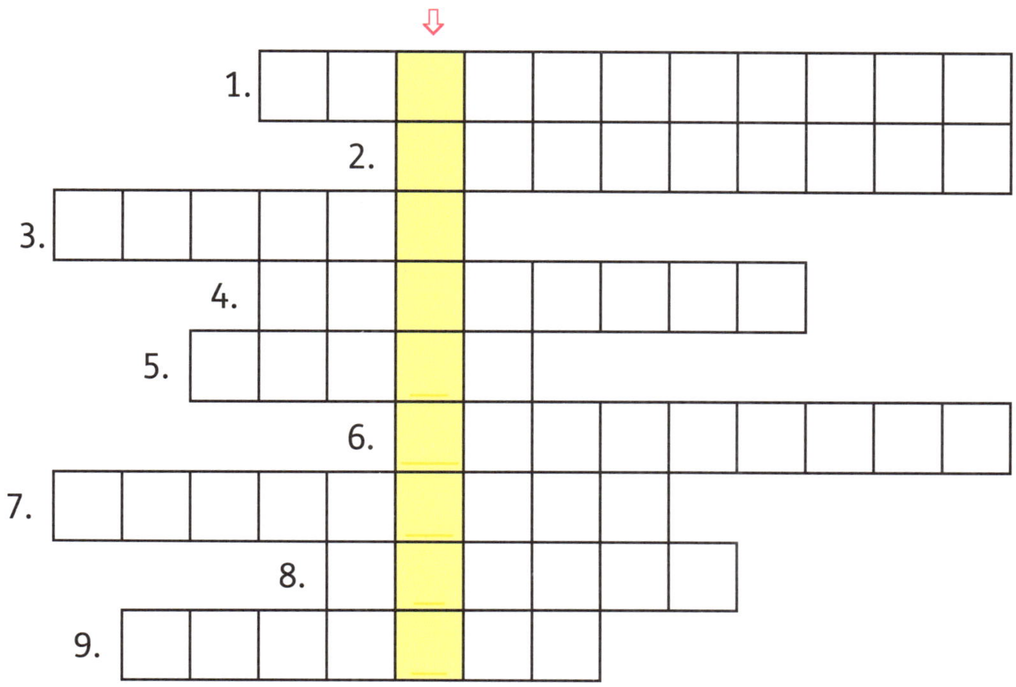

1. Auskunft geben
2. wiederverwerten von Glas, Blech, Papier
3. schnelle Zeichnung
4. Früher schrieb man mit der Schreibmaschine, heute mit dem ...
5. Telefon zum Mitnehmen
6. Skateboard mit Gelenk
7. Wintersportgerät
8. Apfelsine
9. Arbeitsplatz der Schauspieler

2 Erfinde selbst ein Rätsel mit Fremdwörtern.

3 der Computer, das Handy, informieren, die Orange, das Recycling, die Skizze, das Snowboard, das Theater, das Waveboard

Lernen lernen: Wortlistentraining

Lass dir die Wörter morgen noch einmal diktieren!

1. Lies die Wörter genau. Kennzeichne schwierige Stellen im Wort.	2. Schreibe ab und kontrolliere. Beachte dabei den Abschreibtipp.	3. Schreibe auswendig. Kontrolliere.	4. Berichtige.
Slackline			
Inliner			
Jeans			
Lexikon			
Maschine			
Orange			
Gameboy			
Recycling			
Skizze			
Snowboard			
Theater			

Prüfe dich selbst!

1 Setze die passenden Wörter mit ß ein.

das Gegenteil von sauer: ______ das Gegenteil von schwarz: ______

den Pflanzen Wasser geben: ______ das Gegenteil von klein: ______

ein anderes Wort für Fahrbahn: ______ das Gegenteil von kalt: ______

2 Schreibe das passende Wort.

  ______  ______

  ______  ______

3 Setze die Tunwörter in der richtigen Form ein. Kennzeichne mit –◡ oder •◡◡.

Grundform	1. Vergangenheit	2. Vergangenheit
treffen		
kommen		
reiten		

4 Setze die richtigen Anredefürwörter ein.

Liebe Frau Tischner,

wir hoffen, dass es ______ gut geht. Oft denken wir an ______
und an die Zeit in der zweiten Klasse zurück.
Am 14. Juli führen wir um 19.00 Uhr ein lustiges Theaterstück auf.
Wir möchten ______ und ______ Familie gerne dazu einladen.
Es wird ______ sicher gefallen. Wir grüßen ______ ganz herzlich
und freuen uns auf ______ Besuch.

______ Klasse 3a

Üben mit der Wörterliste

Wörter zum Mitsprechen

1 Suche zehn Wörter aus der Wörterliste aus, die man genauso schreibt, wie man sie spricht.

Wörter zum Nachdenken

2 Schreibe fünf Wörter mit **St/st** am Wortanfang auf.

3 Schreibe vier Wörter mit **Sp/sp** am Wortanfang auf.

4 Suche zehn Wörter mit **ie**. Sprich das lange (i) deutlich.
Schreibe die Wörter auf.

5 Suche fünf Wörter, die man trennen kann.
Schreibe sie auf und trenne sie.
Kennzeichne die Selbstlaute, Umlaute und Doppellaute.

6 Suche fünf Wörter mit kurzem Selbstlaut und doppeltem Mitlaut (auch **ck** / **tz**). Schreibe sie auf, kennzeichne den kurzen Selbstlaut und trenne sie, wenn es möglich ist.

7 Suche fünf Wörter mit **d** am Wortende und verlängere sie.

8 Setze fünf Namenwörter (Nomen) mit **a** oder **au** in die Mehrzahl.
Kennzeichne, wenn sich **a** in **ä** oder **au** in **äu** verwandelt.

9 Setze fünf Tunwörter (Verben) mit **a** oder **au** in die er-Form.
Kennzeichne, wenn sich **a** in **ä** oder **au** in **äu** verwandelt.

Wortbausteine

10 Suche Wörter zu den Vorsilben:
be- | er- | ge- | Ge- | ver- | Ver- | zu-

11 Welche Tunwörter (Verben) kann man mit den Anfangsbausteinen verbinden?
ab- | vor- | ver- | aus- | ent- | emp-

12 Suche Namenwörter (Nomen) mit den Endbausteinen:
-heit | -keit | -nis | -ung | -chen

13 Suche Wiewörter (Adjektive) mit den Endbausteinen:
-ig | -lich

Wörter, die du dir merken musst

14 Schreibe alle Wörter mit V/v auf.

15 Sammle und ordne Wörter mit ah , eh , oh und uh .

16 Sammle Wörter mit ih.

17 Schreibe alle Wörter mit C am Wortanfang auf.

18 Schreibe alle Wörter mit ß auf.

19 Schreibe alle Wörter mit chs auf.

20 Schreibe zehn Fremdwörter auf.

21 Schreibe jeweils fünf Wörter mit aa, ee und oo auf.

Wortarten

22 Schreibe fünf Namenwörter (Nomen) mit ihren Begleitern (Artikeln) auf. Setze sie auch in die Mehrzahl.

23 Schreibe fünf Tunwörter (Verben) in der Grundform auf. Setze sie in die du-Form und in die er-Form.

24 Schreibe fünf Tunwörter (Verben) in der Gegenwart und in der 1. und 2. Vergangenheit auf.

25 Schreibe fünf Wiewörter (Adjektive) auf. Setze sie zu einem passenden Namenwort (Nomen). Suche das Gegenteil.

Wörter sammeln

26 Jahreszeiten

27 Körperteile

28 Menschen

29 Tiere

30 Wörter zur Zeit

31 Farben

32 Zahlen

33 Lieblingswörter

34 Wochentage

35 Monate

Wörterliste zum Nachschlagen und Üben

A
der Aal
ab
aber
der Ab|fall
ab|ho|len
ab|schrei|ben
die Ach|se
ähn|lich
als
al|so
alt
am
an|ders, än|dern
die Angst,
ängst|lich
an|kom|men
an|schie|ben
an|schrei|ben
der Ap|fel,
die Äp|fel
die Ap|fel|si|ne
är|ger|lich, är|gern
der Arzt, die Ärz|tin
auf
auf|räu|men
auf|we|cken
aus
aus|bla|sen
aus|tei|len
aus|zie|hen
au|ßen
das Au|to

B
ba|cken,
der Bä|cker
die Bä|cke|rei
die Back|stu|be
die Ba|de|ho|se
die Bahn
die Bank,
die Bän|ke
der Bär
der Bart, bär|tig
bau|en, das
Ge|bäu|de
der Baum,
die Bäu|me
be|gin|nen,
be|gann,
be|gon|nen
das Bei|spiel
bei|ßen, biss
be|loh|nen,
die Be|loh|nung
das Ben|zin
be|ob|ach|ten
be|quem
be|reit, be|reits
der Berg,
die Ber|ge
der Be|ruf
be|schrei|ben
der Be|sen
be|setzt
be|sit|zen
bes|ser
das Bett
die Beu|le
be|vor
be|we|gen,
be|weg|lich
der Bi|ber
bie|gen, bog,
ge|bo|gen
bil|lig
bin, bist
die Bir|ne
bis
der Biss, bis|sig
biss|chen
bla|sen, bläst
blei|ben, blieb,
ge|blie|ben
der Blick, bli|cken
blind, der/die
Blin|de
der Blitz, blit|zen
der Block
bloß
blü|hen
die Blu|me
der Blu|men|topf
boh|ren
das Boot
bo|xen
der Brand,
die Brän|de
bra|ten, brät
brav
bre|chen, bricht
die Brem|se,
brem|sen
bren|nen, brann|te
der Brief,
die Brie|fe
die Bril|le
das Brot
das Bröt|chen
die Brü|cke
das Buch,
die Bü|cher
die Burg,
die Bur|gen

C
der Christ
der Clown
der Com|pu|ter

D
da
der Dachs
dann
das
dass
dau|ern
die De|cke
dein, dei|ne,
dei|ner
dem
den
denn
der
des
deut|lich
deutsch,
Deutsch|land
dich
dick
die
der Dieb
dies, die|se, die|ser
dir
die Dis|ket|te
doch
der Don|ner,
don|nern
das Dot|ter
der Draht,
die Dräh|te
drau|ßen
der Dreck, dre|ckig
dre|hen
der Druck, drü|cken
du
dumm,
die Dumm|heit
dünn
durch
dür|fen, darf
der Durst, durs|tig

E
die Ecke, eckig
ehr|lich
das Eich|hörn|chen
die Ei|dech|se
ei|gent|lich
der Ei|mer
ein, ei|ne, ei|ner
der Ein|fall,
ein|fal|len
ein|kau|fen
ein paar, ein Paar
ein|schal|ten
das Eis
emp|fin|den,
emp|find|lich
das En|de, en|den
end|lich, end|los
die Ent|de|ckung
die Ent|fer|nung
die Ent|füh|rung
ent|ge|gen
die Ent|las|sung
die Ent|lee|rung
die Ent|loh|nung
die Ent|lüf|tung
die Ent|schei|dung
die Ent|ste|hung
ent|wer|fen
die Ent|wick|lung
er
die Er|klä|rung
die Er|laub|nis
das Er|leb|nis
er|wach|sen, der
Er|wach|se|ne
er|schre|cken
die Er|war|tung
er|zäh|len,
die Er|zäh|lung
es
der Esel
es|sen, aß,
ge|ges|sen
euch
die Eu|le
eu|er, eu|re
das Eu|ro|pa

F
fah|ren, fuhr,
ge|fah|ren
das Fahr|rad
der Fall, die Fäl|le
die Fal|le
fal|len, fiel,
ge|fal|len
fäl|len
fäl|lig
die Fa|mi|lie
fan|gen, fängt
die Fe|der
die Fee
der Feh|ler,
feh|ler|frei
das Fens|ter
die Fe|ri|en
der Fern|se|her,
fern|se|hen
fer|tig
fett, das Fett
feucht, die
Feuch|tig|keit
das Feu|er
die Fich|te
der Fleiß, flei|ßig
die Flie|ge
flie|gen, flog
flie|hen, floh
flie|ßen, floss
flit|zen
die Flö|te
das Flug|zeug
der Fluss,
die Flüs|se
die Flüs|sig|keit
frei, die Frei|heit
die Frei|zeit
fres|sen, fraß
freund|lich
der Frie|den,
fried|lich
frie|ren, fror
froh
fröh|lich,
die Fröh|lich|keit
der Fuchs
füh|len, das Ge|fühl
füh|ren,
die Füh|rung
für
füt|tern

G
die Ga|bel
ganz, gan|ze,
gan|zer
die Gar|di|ne
der Gar|ten
ge|ben, gab
die Ge|burt
der Ge|burts|tag
die Ge|fahr,
ge|fähr|lich
das Ge|fühl
ge|heim, das
Ge|heim|nis
die Ge|mein|de
ge|müt|lich
der Ge|ruch
das Ge|schäft
ge|sche|hen,
ge|schieht
das Ge|setz
ge|sund
das Ge|wächs
ge|win|nen,
ge|wann,
ge|won|nen

das Ge|wit|ter
gie|ßen, goss
das Gift, gif|tig
glatt
der Glo|bus
das Glück,
glück|lich
glü|hen
der Gott
das Gras
gra|tu|lie|ren
der Grill
groß
der Gruß, grü|ßen

H

das Haar
ha|ben, hat, hat|te
hal|ten, hält
die Hand
das Han|dy
hän|gen, der Hang
hart, här|ter
häu|fig,
der Hau|fen
das Heft, die Hef|te
heiß
hei|zen,
die Hei|zung
hell
das Hemd
her
herr|lich
her|stel|len,
die Her|stel|lung
die Hit|ze
hof|fen,
hof|fent|lich
die Hö|he
die Höh|le, hohl
der Hun|ger,
hun|grig
hüp|fen
der Hut, die Hü|te
die Hüt|te

I

ich
der Igel
ihm
ihn, ih|nen
ihr, ih|re
im
im|mer
imp|fen,
die Imp|fung
in
die In|for|ma|ti|on,
in|for|mie|ren
ins
das In|te|r|es|se,
in|te|r|es|sant
ist

J

ja
je|de, je|der, je|des
je|mand,
je|man|den
die Ju|gend,
ju|gend|lich
jung

K

der Kä|fer
der Kä|fig
kalt
der Ka|min
der Kamm,
käm|men
die Kan|ne
der Kä|se
die Kas|se
die Kat|ze
keh|ren
kein, kei|ne, kei|ner
ken|nen, kann|te
die Kie|fer
das Ki|lo
klar
das Kla|vier
kle|ben
klug
klet|tern
klin|geln
kom|men, kam,
ge|kom|men
der Kom|pass
kön|nen, kann
der Korb
kräf|tig, die Kraft
krat|zen
das Kreuz,
die Kreu|zung
krie|chen, kroch
der Krieg,
die Krie|ge
die Kuh, die Kü|he
kühl, küh|len
die Ku|si|ne
der Kuss,
die Küs|se

L

la|chen
lä|cher|lich
der Lachs
das Lamm
das Land,
die Län|der
lang, län|ger
lang|sam
die Lär|che
der Lärm
las|sen, lässt, ließ,
ge|las|sen
das Laub
lau|fen, läuft, lief,
ge|lau|fen
laut
der Leh|rer,
die Leh|re|rin
die Lei|ter
ler|nen
le|sen, liest, las,
ge|le|sen
le|ser|lich
letz|te, letz|ter
leuch|ten
lieb
das Lied,
die Lie|der
lie|gen, lag,
ge|leg|en
li|la
der Löf|fel
der Lohn
der Lö|we
die Lu|pe

M

das Mäd|chen
der Mag|net
der Mais
ma|len
man
das Mär|chen
der März
die Ma|schi|ne
das Maß
die Maus
die Me|di|en
das Meer
mehr
mein, mei|ne,
mei|ner
mes|sen, misst,
maß, ge|mes|sen
das Mes|ser
mich
die Mie|te
mir
mit
der Mit|tag,
die Mit|te
mi|xen
mö|gen, mag
das Moor
das Moos
der Müll
die Müll|ton|ne
die Mu|sik
mu|tig

N

nach
nah, die Nä|he
nä|hen, die Naht
die Nah|rung
die Na|se
nass, die Näs|se
die Na|tur,
na|tür|lich
neh|men,
nimmt, nahm,
ge|nom|men
nein
nen|nen
nett
neu
nicht
nichts
nie
nie|mals
nie|mand,
nie|man|den
die Nord|see
die Num|mer,
num|me|rie|ren
nun
nur
die Nuss
die Nuss|scha|le
nüt|zen, nütz|lich

O

ob
der Och|se
oder
of|fen
oft
oh|ne
das Ohr
der On|kel
die Oran|ge

P

das Paar
pa|cken,
das Päck|chen
das Pa|ket,
die Pa|ke|te
die Pan|ne
der Pa|pa|gei
der Pass, die Päs|se
das Pass|bild
pas|sen
das Pferd,
die Pfer|de
pflan|zen
pfle|gen
der Pilz, die Pil|ze
der Pin|gu|in
der Platz
plötz|lich
der Post|bo|te
pri|ma
pro|bie|ren
das Pro|gramm
der Pul|lo|ver
die Pup|pe

Qu

das Qua|drat
qua|ken
quä|len, die Qual
die Qual|le
der Qualm,
qual|men
der Quark
das Quar|tett
quat|schen
die Quel|le
quie|ken

R

ra|die|ren
das Ra|dio
ra|ten, rätst
das Rät|sel
der Raum,
die Räu|me
die Rau|pe
rechts
das Re|cy|c|ling
re|den, re|det,
re|de|te
der Re|gen|schirm
das Reh, die Re|he
rei|ten, ritt,
ge|rit|ten
rei|ßen, riss
ren|nen, rann|te
rich|tig
rie|chen, roch
die Ru|he, ru|hig,
ru|hen
rüh|ren
rund
der Rüs|sel
rut|schen

S

der Saft, saf|tig
sa|gen

die Sä|ge, sä|gen
sam|meln,
die Samm|lung
der Sand, san|dig
schaf|fen
der Schall
schal|ten,
der Schal|ter
scharf,
die Schär|fe
der Schat|ten
schau|keln
der Schi
schie|ben, schob,
ge|scho|ben
schief
schimp|fen
schla|fen, schläft
schla|gen, schlägt
schle|cken
schlie|ßen, schloss
schließ|lich,
der Schluss
schlu|cken
der Schlüs|sel
schme|cken
der Schmet|ter|ling,
die Schmet|ter-
lin|ge
der Schmutz,
schmut|zig
die Schne|cke
schnell
schon
der Schrank,
die Schrän|ke
der Schreck,
schreck|lich
schrei|ben, schrieb
schuf|ten
die Schüs|sel
schüt|teln
der Schutz,
schüt|zen
der Schwamm
schwei|gen,
schwieg
schwie|rig, die
Schwie|rig|keit
schwim|men,
schwamm,
ge|schwom|men
schwit|zen
sechs
der See
se|hen
sehr
die Sei|fen|bla|sen
sein, sei|ne, sei|ner

seit
set|zen
das Sieb, die Sie|be
sin|gen, sang,
ge|sun|gen
sit|zen, saß,
ge|ses|sen
die Skiz|ze,
skiz|zie|ren
das Snow|board
so
die Son|ne
der Spaß,
die Spä|ße
spät, ver|spä|ten
der Spa|zier|gang,
spa|zie|ren
der Spie|gel,
spie|geln
das Spiel, spie|len
die Spin|ne
spre|chen, spricht
die Spit|ze, spitz
spit|ze
die Stadt,
die Städ|te
der Stamm,
die Stäm|me
stark, die Stär|ke
stär|ken
ste|hen
stel|len
ster|ben, sterb|lich
das Steu|er,
steu|ern
der Stiel
der Stie|fel
der Stift
stim|men,
be|stimmt
stin|ken
der Stoff
strah|len
der Strand,
die Strän|de
die Stra|ße
der Strauß,
die Sträu|ße
strei|cheln
der Streit
strei|ten, stritt
der Strom, strö|men
das Stück
der Stuhl
der Sturm,
stür|misch
süß, die Sü|ßig|keit

T

die Ta|fel
der Tag
tan|ken
die Tan|ne
die Ta|sche
die Ta|schen|lam|pe
die Tas|se
tau|send,tau|sen|de
das Ta|xi
die Tech|nik
das Te|le|fon
der Tel|ler
der Text, die Tex|te
das The|a|ter
tief, die Tie|fe
der Ti|ger
der Tisch,
die Ti|sche
tra|gen
die Trä|ne
der Traum,
die Träu|me
träu|men
trau|rig
tref|fen, traf,
ge|trof|fen
treu
trin|ken, trank
tro|cken
der Trop|fen
das Tuch
die Tür, die Tü|ren
der Turm,
die Tür|me
tur|nen,
die Tü|te

U

über
der Über|fall
über|que|ren
um
um|keh|ren
und
der Un|fall
un|ge|fähr
uns, un|ser, un|se|re
un|ten, un|ter
der Un|ter|richt
der Ur|laub

V

die Va|se
ver|bie|ten, ver|bot
ver|brau|chen
ver|bren|nen,
ver|bran|nte
die Ver|bren|nung
der Ver|ein,
ver|ei|nen
ver|ges|sen,
ver|gisst, ver|gaß
ver|let|zen,
die Ver|let|zung
ver|lie|ren, ver|lor
ver|pa|cken,
die Ver|pa|ckung
ver|schmut|zen,
die Ver|schmut-
zung,
ver|ste|cken
ver|wech|seln
viel
viel|leicht
vier
die Vio|li|ne
der Vo|gel,
die Vö|gel
voll, vol|le,
voll|stän|dig
vom
von
vor
vor|bei
die Vor|fahrt
vor|le|sen
die Vor|sicht,
vor|sich|tig
die Vor|stel|lung
vor|wie|gen

W

die Waa|ge
die Wa|be
das Wachs
wach|sen, wächst,
wuchs
das Wachs|tum
der Wa|gen
wäh|len, die Wahl
wäh|rend
der Wald,
die Wäl|der
wann
warm, wär|mer
war|ten
wa|rum
was
wa|schen
das Was|ser
das Wave|board
wech|seln
der We|cker
wer|fen, wirft
weg|tra|gen
weil
wei|nen,
wei|ner|lich
weiß
wei|ter
wel|che, wel|cher
wem
wen
we|nig
wenn
wer
die Wes|pe
wich|tig
wie
wie|der
wie|gen, wog
die Wie|se
wild
der Wind
wir
wis|sen, wuss|te,
ge|wusst
wo
die Woh|nung,
wohn|lich
wol|len, will
die Wol|ke,
die Wol|ken
die Wur|zel
die Wut

Z

der Zaun,
die Zäu|ne
der Zeh, die Ze|hen
zeich|nen
zei|gen
die Zei|tung
das Zelt, die Zel|te
zer|brech|lich
zer|rei|ßen
das Zeug|nis
zie|hen, zog
das Ziel, zie|len
das Zim|mer
zit|tern
der Zoo
zu
zu|de|cken
der Zug, die Zü|ge
die Zu|kunft,
zu|künf|tig
zu|letzt
zum
zur
zu|rück
zu|sam|men

- Wort deutlich sprechen
- lange Wörter in Silben zerlegen
- Wort genau abhören
- beim Schreiben mitsprechen

Beruf
Geheimnis

Nachdenk-Tipp

- genau anschauen
- auf die Lupenstelle achten und markieren
- an die Regel denken

ä→a
äu→au

ä kommt von a
äu kommt von au
Ärzte → *Arzt*
Gebäude → *bauen*

Wörter verlängern
Strand → *Strände*

GF
Grundformen suchen
erlebt → *erleben*

Wort trennen
krat – zen

auf kurzen, betonten Selbstlaut achten
Stoff

Namenwörter großschreiben; an die Beweise denken
das Radio

ie
lang gesprochenes i wird meist ie geschrieben
Kiefer

St/st
Sp/sp
scht → St/st
Sturm
schp → Sp/sp
Spiegel

Baustein-Tipp

- Wortbausteine kennen

Namenwörter (Nomen)

- zusammengesetzte Namenwörter (Nomen)
  Baum|haus
- Anfangsbausteine (Vorsilben)
  Ver|kehr Vor|fahrt
- Endbausteine (Nachsilben)
  Apf|el Gart|en Vat|er
  Heiz|ung Flüssig|keit
  Frei|heit Zeug|nis

Tunwörter (Verben)

- Anfangsbausteine (Vorsilben)
  vor|lesen ver|packen
  auf|räumen
- Endbausteine (Endungen)
  ich lauf|e
  wir lauf|en

Wiewörter (Adjektive)

- Endbausteine (Nachsilben)
  ehr|lich wich|tig
- Anfangsbausteine (Vorsilben)
  un|klar be|kannt
- zusammengesetzte Wiewörter (Hauptbausteine)
  kugel|rund

Merk-Tipp

- genau anschauen
- auf die Lupenstelle achten und markieren
- oft schreiben
- merken

h — Merkwörter mit -h-

ß — Merkwörter mit ß

V/v — Merkwörter mit V/v

aa ee oo — Merkwörter mit aa / ee / oo

FW — Fremdwörter

chs — Merkwörter mit chs

i — langes i doch kein ie

ä — Merkwörter mit ä

Fürwörter (Pronomen)

Fürwörter stehen für Nomen.

Einzahl: ich, du, er, sie, es
Mehrzahl: wir, ihr, sie
Fürwörter schreibt man im Brief als höfliche Anrede groß: Sie, Ihr, Ihnen

Tunwörter (Verben)

Tunwörter (Verben) sagen, was Lebewesen und Dinge tun.

Beweise für Tunwörter (Verben):

1. Tunwörter antworten auf die Frage: Was tut jemand? → *malen*
2. Tunwörter passen hinter ich und wir: *malen → ich male – wir malen*

Begleiter (Artikel)

der	ein
die	eine
das	

Namenwörter (Nomen)

Namenwörter (Nomen) sagen, wie Lebewesen und Dinge heißen.

Beweise für Namenwörter (Nomen):

1. *Hase* ist ein Name für ... (ein Tier mit langen Ohren)
2. Zu jedem Namenwort passt ein Begleiter: *der* Hase, *ein* Hase
3. Namenwörter können in Einzahl und Mehrzahl stehen: *ein Hase, viele Hasen*